بِسْمِ اللَّهِ الرَّحْمَنِ الرَّحِيمِ

Par le nom d'Allah, le Tout
Clément, le Très Miséricordieux

ISBN : 9789983983012

A mes chers enfants de la Oumma :

Je demande à Allah, le Très Généreux, de faire en sorte que ton chemin pour apprendre à prier soit rempli de lumière et de facilité.
Amen.

"وَأْمُرْ أَهْلَكَ بِالصَّلَاةِ وَاصْطَبِرْ عَلَيْهَا لَا نَسْأَلُكَ رِزْقًا نَّحْنُ نَرْزُقُكَ وَالْعَاقِبَةُ لِلتَّقْوَىٰ"

"Et commande à ta famille la prière (As-Salât), et fais-la avec persévérance. Nous ne te demandons point de richesse : c'est à Nous de t'enrichir. La bonne fin est réservée à la piété."
Quran 20:132

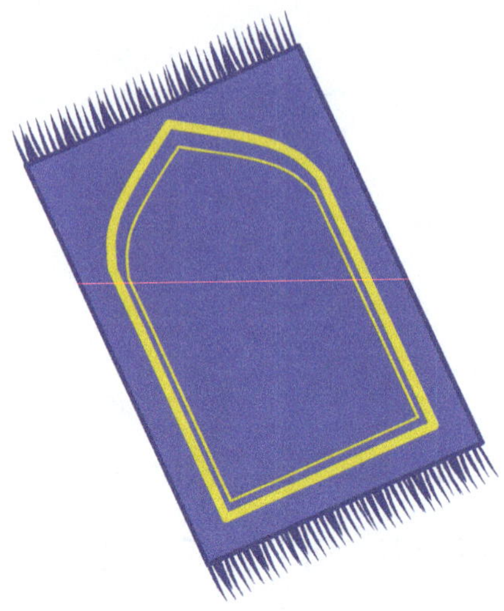

Veux-tu apprendre comment parler avec Allah ? Et être proche de Lui ?

Allah (ﷻ) est le seul et unique Dieu.

Il est la Lumière, la source de l'amour, de la beauté et de la force.
Tout ce qui est bon est entre Ses mains.
Il est notre Créateur et le Créateur de toute chose.

Puisque Allah nous aime et aime nous écouter, Il nous a donné un moyen miraculeux qui nous permet de nous rapprocher de Lui et de lui parler directement. Ce moyen s'appelle :

Que trouverez-vous dans ce livre ?

Qu'est-ce que la Salat ?

- La salat est le deuxième pilier de l'Islam .
- La salat est obligatoire .
- Quand est-ce que la salat devient-elle obligatoire ?

Pourquoi prions nous ?

- Salat, une belle histoire

Quelles sont les 5 prières quotidiennes ?

- Où devons-nous prier ?
- l'importance de prier à la mosquée

El-Adhan : l'appel à la prière

- Récitation de l'Adhan
- Dua après l'Adhan
- L'histoire de l'Adhan
- L'importance de prier à l'heure

Préparons-nous pour la Salat :

- Comment se préparer à Salat ?
- Purification et propreté (Tahaarah الطَّهَارَة)
- Comment faire le Wudu (ablution)
- Comment effectuer le Tayammum (ablution sèche)
- Actions qui annulent le Wudu ou le Tayammum

Apprenons comment prier ?

- étapes de la salat: Salat El-Maghrib par exemple
- Salat El-Fajr
- Salat El-Dohr, Asr, Isha

Duas après la Salat
Tasbih apres la Salat
Autres prières
courts chapitres du Coran (Sourate)

" أَقِمِ ٱلصَّلَاةَ لِدُلُوكِ ٱلشَّمْسِ إِلَى غَسَقِ ٱللَّيْلِ وَقُرْءَانَ ٱلْفَجْرِ إِنَّ قُرْءَانَ ٱلْفَجْرِ كَانَ مَشْهُودًا "

Accomplis la prière (As-Salât) au déclin du soleil jusqu'à l'obscurité de la nuit, et [fais] aussi la Lecture (du Coran) à l'aube, car la Lecture (du Coran) à l'aube a des témoins.

Quran, 17:78

QU'EST-CE QUE LA SALAT ?

Salat (الصَّلَاة) est le mot arabe désignant la prière en l'islam, et c'est le deuxième des 5 piliers de l'islam.

L'un des objectifs de l'accomplissement de la salat est de nous mettre en contact avec Allah (ﷻ). Cela nous permet d'être très proche de Lui, de nous rappeler Sa grandeur, de Le remercier et de Lui demander tout ce que nous voulons, car Allah, le Tout-Puissant, est la source de tout ce qui est bon.

En Islam, nous prions 5 fois par jour à des moments spécifiques et de la même manière que le Prophète Muhammad (que la paix soit sur lui) nous l'a enseigné. Le Prophète Muhammad (ﷺ) a dit :

"PRIEZ COMME VOUS M'AVEZ VU PRIER."

[Al-Bukhari]

La prière est comme une rencontre avec quelqu'un que vous aimez profondément et avec qui vous appréciez passer du temps, comme vos parents, grands-parents ou meilleur ami.

Quand nous prions, nous passons du temps avec Allah (ﷻ), qui nous a créés, nous protège et nous accorde toutes les bénédictions de nos vies. Nous pouvons Lui parler de notre journée, de nos soucis, de nos espoirs et de nos rêves. Nous pouvons Le remercier pour toutes les bonnes choses dans nos vies et demander Son aide, Sa guidance, le succès et Son magnifique amour.

QUELS SONT LES 5 PILIERS DE L'ISLAM ?

1 Shahada

C'est attester qu'il n'y a de dieu qu'Allah (□) et...

...que Muhammad (□) est Son prophète et son messager.

2 Salat (Prière)

Est de prier 5 fois par jour :
- Fajr
- Dhuhr
- Asr
- Maghrib
- Ishaa

3 Zakat (Aumône)

Est de donner une petite part de sa richesse personnelle pour aider les personnes dans le besoin et soutenir la communauté musulmane.

4 Sawm (jeûne) Ramadan

Est de jeûner tout le mois de Ramadan.
Le jeûne signifie que vous ne mangez ni ne buvez pas de l'aube jusqu'au coucher du soleil.

5 Hajj (pèlerinage)

C'est le fait d'effectuer un pèlerinage à La Mecque au moins une fois dans sa vie pour ceux qui ont les moyens de le faire.

La Salat est le pilier le plus important de l'Islam, après la Shahada. En effet, le Ramadan dure 1 mois par an, le Hadj 5 jours dans une vie, et la zakat 1 jour par an.
La prière est pour la vie, **5** fois par jour.

LA SALAT DANS LE CORAN

La Salat est mentionnée dans le Saint Coran de nombreuses fois, environ 80 fois. En voici quelques versets :

وَأَقِيمُواْ ٱلصَّلَاةَ وَءَاتُواْ ٱلزَّكَاةَ وَمَا تُقَدِّمُواْ لِأَنفُسِكُم مِّنْ خَيْرٍ تَجِدُوهُ عِندَ ٱللَّهِ إِنَّ ٱللَّهَ بِمَا تَعْمَلُونَ بَصِيرٌ

Et accomplissez la prière (Aṣ-Ṣalāt) et acquittez l'aumône (Az-Zakāt). Et tout ce que vous avancez de bien pour vous-mêmes, vous le retrouverez auprès d'Allah, car Allah voit parfaitement ce que vous faites.

Quran: 2:110

حَٰفِظُواْ □ عَلَى ٱلصَّلَوَٰتِ وَٱلصَّلَاةِ ٱلْوُسْطَىٰ وَقُومُواْ □ لِلَّهِ قَٰنِتِينَ

Soyez assidus aux prières (Aṣ-Ṣalawāt) et surtout la prière médiane (As-Salât Al Wustâ); et tenez-vous debout devant Allah, avec humilité.

Quran: 2:238

وَأَقِمِ ٱلصَّلَاةَ طَرَفَيِ ٱلنَّهَارِ وَزُلَفًا مِّنَ ٱلَّيْلِ إِنَّ ٱلْحَسَنَاتِ يُذْهِبْنَ ٱلسَّيِّئَاتِ ذَٰلِكَ ذِكْرَىٰ لِلذَّاكِرِينَ

Et accomplis la prière (As-Salât) aux deux extrémités du jour et à certaines heures de nuit. Les bonnes œuvres dissipent les mauvaises. Cela est une exhortation pour ceux qui réfléchissent.

Quran: 11:114

رَبِّ ٱجْعَلْنِي مُقِيمَ ٱلصَّلَاةِ وَمِن ذُرِّيَّتِي رَبَّنَا وَتَقَبَّلْ دُعَاءِ

(Abraham dit :) Ô mon Seigneur ! Fais que j'accomplisse assidûment la prière (As-Salât) ainsi qu'une partie de ma descendance ! Ô notre Seigneur ! Exauce ma prière !

Quran: 14:40

LA SALAT EST OBLIGATOIRE

La salat est *obligatoire* pour tout musulman adulte sain d'esprit (non possédé par la folie), qu'il soit homme ou femme.

Personne ne peut prier à ta place. Tu dois faire des efforts pour l'accomplir, pour te rapprocher d'Allah (ﷻ) et obtenir Sa satisfaction.

Selon le Prophète (ﷺ), les enfants commencent à apprendre à prier entre l'âge de 7 et 10 ans, mais cela devient obligatoire pour eux dès qu'ils atteignent la puberté.

QUAND EST-CE QUE LA SALAT DEVIENT-ELLE OBLIGATOIRE ?

L'exécution de la salat devient obligatoire à la puberté.

Il y a **2 signes de puberté** pour les garçons, lorsque au moins un de ces signes apparait, la personne a atteint la puberté :

1- Poils pubiens : apparition des poils au niveau des parties intimes.

2- Rêve mouillé : éjaculation nocture. Toute éjaculation rend le rituel de la prière obligatoire.

VOUS DEVENEZ RESPONSABLE !

Donc, une fois que tu atteins la puberté, toutes tes actions, qu'elles soient bonnes ou mauvaises, seront enregistrées et jugées au Jour du Jugement. De plus, tu devras accomplir tous les rituels obligatoires de l'islam, y compris :

LA SALAT ET LE JEÛNE DU RAMADAN.

HADITH

Le Prophète Muhammad (ﷺ) a dit :
"Il y a trois personnes dont les actions ne sont pas enregistrées (par les Anges) :
- une personne endormie jusqu'à ce qu'elle se réveille,
- un enfant jusqu'à ce qu'il atteigne la puberté,
et une personne possédée par la folie jusqu'à ce qu'elle retrouve la raison ou récupère ses se jusqu'à ce qu'elle retrouve la raison ou récupère ses sens."

De plus, après avoir atteint la puberté, il devient interdit en Islam de toucher ou de serrer la main d'une femme étrangère qui n'est pas ton Mahram (مَحْرَم).

En islam, les femmes Mahram sont celles avec lesquelles le contact physique (comme serrer les mains et les voir sans hijab) est autorisé. Elles sont :

1. Mères
2. Grands-mères
3. Sœurs
4. Filles
5. Tantes paternelles et maternelles
6. Nièces
7. Belles soeurs
8. Épouses

SALAT, UNE BELLE HISTOIRE

La Salat est le premier acte de culte rendu obligatoire par Allah (ﷻ), et son obligation a été révélée directement à notre bien-aimé Prophète Muhammad (ﷺ) lors d'un voyage vers les cieux, appelé :

la journée de "Al-Israa' et "Al-Mi'raaj".

C'était un commandement si important que plutôt que de l'envoyer avec l'Ange Jibril sur Terre, Allah a élevé le Prophète (ﷺ) au Ciel pour lui en parler.

سُبْحَٰنَ ٱلَّذِي أَسْرَىٰ بِعَبْدِهِ لَيْلًا مِّنَ ٱلْمَسْجِدِ ٱلْحَرَامِ إِلَى ٱلْمَسْجِدِ ٱلْأَقْصَى ٱلَّذِي بَٰرَكْنَا حَوْلَهُ لِنُرِيَهُ مِنْ ءَايَٰتِنَا إِنَّهُ هُوَ ٱلسَّمِيعُ ٱلْبَصِيرُ

"Gloire à Celui qui a transporté Son serviteur (Muhammad) durant la nuit de la Mosquée Sacrée à la Mosquée Al-Aqsa, dont Nous avons béni les alentours, afin de lui montrer certaines de Nos merveilles. En vérité, c'est Lui qui entend tout et qui voit tout."

Parlons de ce voyage miracle !

Al-Isrâ' fait référence au Voyage Nocturne du Prophète de La Mecque à Jérusalem, environ un an avant son émigration (ou Hijrah) de La Mecque à Médine.

Ce voyage est venu comme un réconfort pour le Prophète après plusieur années de difficultés et de persécutions, qui comprenaient un siège de 3 ans par les mécréants mecquois, qui avaient chassé les musulmans de la ville et leur avaient interdit de commercer, se marier ou se nourrir. Cela a été suivi par l'"Année de la Tristesse", qui a inclus la mort de l'oncle du Prophète "Abu Tâlib", le principal défenseur de Muhammad (◻) malgré son refus de son message, ainsi que la mort de la bien-aimée épouse du Prophète "Khadîjah".

Le Prophète fut transporté pendant la nuit par une noble monture (appelée Burâq) ressemblant à un cheval ailé, de La Mecque à Jérusalem, où il rencontra certains prophètes antérieurs et les guida dans la prière. Il fut ensuite emporté aux Cieux (ce voyage est appelé Al-Mi'râj, ou l'Ascension) où il reçut des ordres directs d'Allah d'observer cinq prières quotidiennes.

OÙ DEVONS-NOUS PRIER ?

Notre Bien-Aimé Prophète (ﷺ) a dit que "la Terre est comme une mosquée", ce qui signifie que nous pouvons prier n'importe où tant que c'est propre, par exemple : à la mosquée, à la maison, au travail, à l'école, dans la forêt, dans l'avion, etc.

Cependant, prier les cinq prières quotidiennes en groupe à la mosquée est fortement recommandé pour les hommes, et ils devraient faire des efforts pour prier au moins une prière à la mosquée s'ils ne peuvent pas assister à toutes les cinq. Le Prophète Muhammad (ﷺ) a dit:

" لَوْ يَعْلَمُ النَّاسُ مَا فِي صَلَاةِ الْعِشَاءِ وَالصُّبْحِ لَأَتَوْهَا وَلَوْ حَبْوًا عَلَيْهَا لَأَتَوْهَا " .

"Si les gens savaient ce qu'il y a à gagner en priant le Isha et le Fajr à la mosquée, ils viendraient même en rampant."

[Sahih al-Bukhari 657, Sahih Muslim 657]

L'IMPORTANCE DE PRIER À LA MOSQUÉE :

La mosquée est un lieu spécial où les musulmans se rassemblent et prient. C'est également un endroit pour apprendre sur la religion de l'islam et pour construire une communauté avec d'autres musulmans. La mosquée est considérée comme la maison d'Allah, et accomplir les cinq prières quotidiennes en congrégation à la mosquée est plus vertueux et récompensé que de prier à la maison ou ailleurs, car cela permet une plus grande concentration et un esprit de communauté.

Le Prophète (□) nous a dit que l'homme dont le cœur est attaché à la mosquée, c'est-à-dire qui fréquente régulièrement la mosquée et prend plaisir à s'y rendre pour prier, sera logé à l'ombre d'Allah, le Tout-Puissant, le Jour du Jugement où il n'y aura nul ombre que celle de Dieu.

Prier en groupe vaut 27 fois mieux que de prier seul.

Les 7 types de personnes qui seront sous l'ombre d'Allah, le Tout-Puissant

Le Prophète Muhammad a dit :

"Il y a sept personnes que Allah (swt) abritera sous Son ombre le Jour où il n'y aura d'ombre que la Sienne :"

1 Un juge juste

2 Un jeune qui a grandi dans l'adoration d'Allah, le Puissant et Majestueux

3 Un homme dont le cœur est attaché à la mosquée

4 Deux personnes qui s'aiment uniquement pour l'amour d'Allah et qui se rencontrent et se séparent uniquement dans la cause d'Allah

5 Un homme qui est approché par une femme riche et séduisante pour une liaison illicite, mais il répond : « Je crains Allah »

6 Un homme qui fait l'aumône en secret, de sorte que sa main gauche ne sait pas ce que sa main droite a donné

7 Un homme qui réfléchit en privé sur Allah et verse des larmes

"Puisse Allah nous guider pour être parmi ce genre de personnes !"

POURQUOI PRIONS-NOUS ?

Nous prions pour adorer Allah

La salat est la plus grande forme d'adoration d'Allah ☐.

Lorsque nous prions, nous exprimons notre foi, notre soumission et adoration à notre Seigneur ☐.

Nous prions pour obéir à Allah et recherchons Son agrément et Sa satisfaction

Quand Allah ☐ est satisfait de vous, Il vous soutient, vous protège de tout mal et vous rend heureux dans cette vie et dans l'au-delà.

Nous prions pour remercier Allah

Nous prions pour exprimer notre gratitude à Allah, le Tout-Puissant, pour toutes les bénédictions dont nous jouissons chaque jour dans nos vies, comme avoir une famille, une maison, être en bonne santé et manger toutes sortes de bonnes choses.

Nous prions pour demander pardon à Allah

Allah ☐ pardonne à ceux qui prient et les empêche de commettre de mauvaises actions. Selon le Prophète Muhammad (☐) :

"Si une personne avait une rivière devant sa porte et qu'elle s'y baignait cinq fois par jour, pensez-vous qu'il lui resterait de la saleté?"

Les gens ont dit : « Il ne resterait aucune saleté sur eux.

Le Prophète a alors dit: "Ainsi en est-t-il des cinq prières quotidiennes: Allah efface les péchés par eux."

Nous prions pour invoquer Allah et nous rapprocher de Lui

La prière est le principal moyen d'être proche d'Allah ☐ et de lui parler directement, surtout lorsque nous sommes en prosternation (Sujud). Ainsi, vous pouvez lui demander du soutien, des conseils, du succès, de la protection et tout ce que vous voulez.

Seuls ceux qui préservent leur salat verront leurs supplications exaucées.

Nous prions pour ressentir la paix et le bonheur

La prière est une méditation : elle est le "sport" du cerveau est permet son entretien afin que nous ayons une bonne santé mentale et émotionelle. Beaucoup de mécréants ont compris le grand intêret qu'il y a à mediter et le font malgré qu'ils ne prient pas.

La Salat est une protection contre les mauvaises actions

Allah ☐ dit dans le Saint Coran :

"إِنَّ الصَّلَاةَ تَنْهَى عَنِ الْفَحْشَاءِ وَالْمُنْكَرِ ۗ وَلَذِكْرُ اللَّهِ أَكْبَرُ ۗ وَاللَّهُ يَعْلَمُ مَا تَصْنَعُونَ"

"Certes, la prière préserve de l'immoralité et des mauvaises actions. Et le rappel d'Allah est plus grand. Et Allah sait ce que vous faites."

Lorsque nous prions, nous nous rappelons nos devoirs en tant que musulmans et notre engagement à suivre les enseignements de l'islam. Ainsi, la prière nous aide à rester sur le bon chemin et nous donne la force d'affronter les défis de la vie.

"Oh Bilal, déclare que le temps de la prière est venu, et donne-nous du repos par là"

Lorsque vous êtes inquiet pour quelque chose ou que vous traversez des moments difficiles, précipitez-vous dans la prière !

Allah, le Miséricordieux, remplit de paix ceux qui prient et reviennent à Lui, soulage leurs soucis et leur apporte aide et soutien dans toutes les difficultés auxquelles ils sont confrontés.

Lorsque vous priez, souvenez-vous qu'Allah est toujours avec vous ; rien ne peut vous blesser sauf par sa permission, et il est le seul qui peut transformer les difficultés en facilité.

Allah ﷻ dit dans le Saint Coran :

"وَٱسْتَعِينُوا۟ بِٱلصَّبْرِ وَٱلصَّلَاةِ وَإِنَّهَا لَكَبِيرَةٌ إِلَّا عَلَى ٱلْخَٰشِعِينَ"

Et cherchez assistance dans l'endurance et la prière (Aṣ-Ṣalāt): certes, la prière (Aṣ-Ṣalāt) est une lourde obligation, sauf pour les humbles,
Quran, 2:45

TOUT DANS L'UNIVERS PRIE !

Savez-vous que tout ce que Dieu, le Tout-Puissant, a créé dans l'univers - des oiseaux qui volent en rangs aux poissons qui nagent dans les océans, des petits insectes souterrains aux plus grands animaux et arbres, planètes, étoiles et galaxies - prient Dieu d'une manière particulière que nous ne pouvons pas comprendre. Ainsi Allah dit :

"أَلَمْ تَرَ أَنَّ اللهَ يُسَبِّحُ لَهُ مَن فِي السَّمَاوَاتِ وَالْأَرْضِ وَالطَّيْرُ صَافَّاتٍ كُلٌّ قَدْ عَلِمَ صَلَاتَهُ وَتَسْبِيحَهُ وَاللهُ عَلِيمٌ بِمَا يَفْعَلُونَ"

Ne voyez-vous pas qu'Allah est glorifié par tous ceux qui sont dans les Cieux et sur la Terre, même les oiseaux qui volent. Chacun connaît ⌐instinctivement⌐ sa manière de prier (salat) et de glorification (Tasbih). Et Allah a la connaissance ⌐parfaite⌐ de tout ce qu'ils font.
Quran, 24:41

Rappelez-vous que nous n'avons pas été créés pour simplement manger, dormir, jouer ou travailler. L'essence de notre existence est d'adorer Allah ☐ avec amour et sincérité.
Allah ☐ dit dans le Coran :
"وَمَا خَلَقْتُ الْجِنَّ وَالْإِنسَ إِلَّا لِيَعْبُدُونِ"
"Et je n'ai créé les djinns et les humains que pour m'adorer." (Quran: 51/56)

AL-KHUSHU'

-الخُشُوع-

Avez-vous déjà entendu parler du khushu' ?

Le khushu' signifie la concentration. Il s'agit de concentrer votre cœur et votre esprit sur la prière, d'éliminer toutes les distractions et d'être pleinement présent et engagé dans ce que vous récitez dans la Salat et de prendre le temps d'effectuer chaque mouvement avec soin et révérence.

Prier sans khushu' peut transformer votre Salat en un exercice mécanique, dépourvu de véritable connexion spirituelle et de valeur. Faites de votre mieux pour atteindre le khushu' pendant la Salat en étant attentif à votre présence devant Allah, en vous concentrant sur le sens des récitations et en vous efforçant de maintenir un état de profonde concentration et d'humilité dans votre cœur. C'est ce qui rend votre Salat valable et significative, et cela vous aide à développer une relation plus forte avec Allah ﷻ.

QUELLES SONT LES 5 PRIÈRES QUOTIDIENNES ?

Les cinq prières quotidiennes obligatoires sont effectuées à des moments précis déterminés par la position du soleil dans le ciel et varient selon les endroits.

1 Fajr

Prière de l'aube

elle est exécutée après l'aube et avant le lever du soleil

2 Duhr

Prière de midi

elle est exécutée après que le soleil passe son plus haut

3 Asr

Prière de l'après-midi

elle est exécutée à mi-chemin entre midi et le coucher du soleil

4 Maghrib

Prière au coucher du soleil

Il est exécuté immédiatement après le coucher du soleil

5 Ishaa

Prière nocturne

Il est exécuté après le crépuscule jusqu'à minuit

EL-ADHAN : L'APPEL À LA SALAT

- الآذَان -

Nous pouvons savoir que le temps de la prière est entré lorsque nous entendons l'Adhan.

El-Adhan est un appel spécifique à la prière, et il est récité avant chacune des cinq prières quotidiennes.Il est récité à voix haute depuis la mosquée. Ainsi, les gens peuvent l'entendre de loin et se préparer à prier.
La personne qui récite l'Adhan s'appelle le Mu'adhdhin..

APPRENONS À RÉCITER L'ADHAN

TEXTE ARABE

اللهُ أَكْبَرْ , اللهُ أَكْبَرْ, اللهُ أَكْبَرْ , اللهُ أَكْبَرْ

أَشْهَدُ أَنَّ لاَ إِلَهَ إِلاَّ الله,

أَشْهَدُ أَنَّ لاَ إِلَهَ إِلاَّ الله,

أَشْهَدُ أَنَّ مُحَمَّداً رَسُولُ الله,

أَشْهَدُ أَنَّ مُحَمَّداً رَسُولُ الله

حَيَّ عَلَى الصَّلاَةْ حَيَّ عَلَى الصَّلاَةْ

حَيَّ عَلَى الْفَلاَحْ حَيَّ عَلَى الْفَلاَحْ

اللهُ أَكْبَرْ اللهُ أَكْبَرْ

لاَ إِلَهَ إِلاَّ الله

TRANSLITERATION

- *Allahu Akbar! Allahu Akbar! Allahu Akbar! Allahu Akbar!*
- *Ashhadu an la ilaha illa Allah. Ashhadu an la ilaha illa Allah.*
- *Ashadu anna Muhammadan Rasool Allah. Ashadu anna Muhammadan Rasool Allah.*
- *Hayya 'ala-s-Salah. Hayya 'ala-s-Salah.*
- *Hayya 'ala-l-Falah. Hayya 'ala-l-Falah.*
- *Allahu Akbar! Allahu Akbar!*
- *La ilaha illa Allah.*

TRADUCTION FRANCAISE

- *Dieu est plus grand! Dieu est plus grand! Dieu est plus grand! Dieu est plus grand!*
- *J'atteste qu'il n'y a de dieu que le Dieu Unique.*
- *J'atteste qu'il n'y a de dieu que le Dieu Unique.*
- *J'atteste que Muhammad est le messager de Dieu.*
- *J'atteste que Muhammad est le messager de Dieu.*
- *Venez à la prière. Venez à la prière.*
- *Venez à la réussite. Venez à la réussite.*
- *Dieu est plus grand! Dieu est plus grand!*
- *Il n'y a de dieu que le Dieu Unique.*

DOUA APRÈS ADHAN

اللَّهُمَّ رَبَّ هَذِهِ الدَّعْوَةِ التَّامَّةِ وَالصَّلاَةِ الْقَائِمَةِ آتِ مُحَمَّدًا الْوَسِيلَةَ وَالْفَضِيلَةَ وَابْعَثْهُ مَقَامًا مَحْمُودًا الَّذِي وَعَدْتَهُ

'Allahumma Rabba hadhihi-dda`watit-taammah, was-salatil qaa'imah, aati Muhammadan al-waseelata wal-fadeelah, wa b`ath-hu maqaman mahmudan-il-ladhi wa`adtahu'

Ô Allah ! Seigneur de cet appel parfait (parfait en ne t'attribuant pas d'associés) et (Seigneur) de la prière régulière qui va s'établir, donne à Mohammed le droit d'intercession et d'illustre, et ressuscite-le à la haute station que tu lui as promise.

Dua (دُعَاء)
C'est un terme arabe utilisé dans l'islam pour désigner l'acte d'invocation ou de demander quelque chose à Allah.

Connaissez-vous l'histoire de l'adhan ?

Au début de l'islam, les musulmans se réunissaient pour prier à l'heure indiquée sans être appelés.

Au fur et à mesure que la population musulmane augmentait, le Prophète Muhammad (pssl) et ses compagnons ont commencés à réfléchir à la manière d'appeler les gens à la prière.

Certains ont suggéré de sonner une cloche, comme l'ont fait les chrétiens, tandis que d'autres ont suggéré d'utiliser une corne de bélier, comme l'ont fait les anciens Juifs.

Pendant ce temps, deux des compagnons firent un rêve dans lequel on leur enseigna l'adhan.

Après approbation du Prophète, il a été décidé que l'appel à la prière se fera à la manière de l'adhan vu en rêve par les deux compagnons.

Le Prophète (psl) a nommé son compagnon Bilal (psl) pour réciter l'adhan pour la première fois ; et c'est le même appel que nous récitons jusqu'à aujourd'hui.

PRIEZ À
L'HEURE !

Il est très important d'accomplir chacune des cinq prières obligatoires *dès que son temps a commencé. temps a commencé*. Il n'est pas permis de les retarder sans raison valable, et il ne doit pas être retardé au-delà de son temps autorisé. Il n'est pas non plus permis de prier à l'avance.

إِنَّ ٱلصَّلَاةَ كَانَتْ عَلَى ٱلْمُؤْمِنِينَ كِتَابًا مَّوْقُوتًا

"Sûrement la Salat à heures fixes (du jour et de la nuit) a été ordonné aux croyants."
(Quran, 4:103)

سُئِلَ النَّبِيُّ (صَلَّى اللهُ عَلَيْهِ وَسَلَّمَ): أَيُّ الْأَعْمَالِ أَحَبُّ إِلَى اللهَّ؟ قَالَ: «الصَّلَاةُ لِأَوَّلِ وَقْتِهَا»

On a demandé au Prophète Muhammad (psl) :
"Quel acte est le plus cher à Allah?"
Il a répondu:
"Faire les prières obligatoires aux heures fixées au début."

Utiliser les calendriers de prière

Il est conseillé de vous référer à un calendrier de prière islamique publié par l'un des centres islamiques locaux de votre ville pour connaître l'heure exacte des prières tout au long de l'année.

Vous pouvez aussi télécharger une application sur smartphone réputée fiable pour vous fournir les heures de prière correctes pour votre emplacement. Comme par exemple : Pray Watch.

IL N'Y A PAS D'EXCEPTIONS POUR LES SALAT MANQUANTES

L'importance de la Salat est si grande qu'il nous est ordonné de l'observer en toutes occasions, que nous soyons en bonne santé ou malades, que nous soyons en voyage ou pas, et que nous soyons en sécurité ou dans la peur.

Le Prophète Muhammad (PSL) a dit :
"Entre la foi et la mécréance, il y a l'abandon de la prière."

La prière est considérée comme l'acte de culte le plus important de l'Islam, et il n'y a aucune exception à son exécution. Cependant, il existe des facilités dans certaines situations où il peut être difficile ou impossible d'accomplir la prière sous sa forme habituelle.

Quelles sont ces situations et leurs facilitations ?

1. Voyage

Raccourcissement de la prière

Lorsque nous voyageons à plus de 80 km (50 miles) de chez nous, nous pouvons raccourcir les prières de quatre rak'ah (Dhuhr, Asr et Isha) à deux rak'ah.

Combiner la prière :

Lorsque nous voyageons à plus de 80 km (50 miles) de chez nous, nous pouvons combiner les prières du Dhuhr et du Asr au moment de l'une ou l'autre, et les prières du Maghrib et de l'Isha au moment de l'une ou l'autre.

2. Être malade → Prier assis ou couché :

Si une personne est incapable de se tenir debout pour prier, elle peut accomplir la prière en position assise. Si elle ne le peux pas alors elle doit prier en position couchée. Dans tous les cas, elle doit faire face à la direction de la qiblah.

Manquer une prière est un grand péché

La prière manquée doit obligatoirement être rattrapée dès qu'on s'en souvient.

Allah ⷨ nous avertit de ne pas manquer ou retarder Salat. Il dit, demandant à ceux qui sont jetés en Enfer :

"Qu'est-ce qui vous a amené en Enfer ?"

Ils répondront :
"Nous n'étions pas de ceux qui priaient"

(Quran: Al-Muddaththir 42:43)

مَا سَلَكَكُمْ فِى سَقَرَ

قَالُوا لَمْ نَكُ مِنَ ٱلْمُصَلِّينَ

Découvrons les séquences de Salat

Avant de commencer à apprendre à prier,
vous devez savoir :

- **Combien il y a de rak'ats dans chaque prière ?**
- **Doit-on réciter le Coran dans la prière à haute voix ou en silence ?**
- **et ce qu'est une prière Sunna**

Qu'est-ce qu'une Rak'ah ?

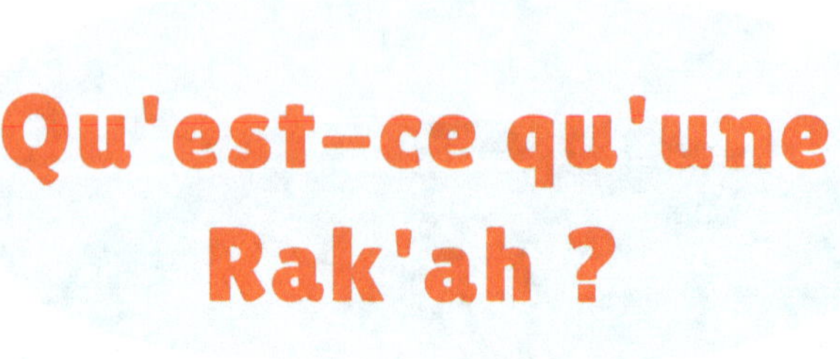

Une Rak'ah (رَكْعَة) est une unité de salat. Il comprend la séquence de gestes suivante :

1. Récitation de la sourate Al-Fatiha
2. Ruku' (inclinaison)
3. Qiam (debout)
4. Soujoud (Prosternation)
5. Julus (assis)
6. Deuxième Sujud (2ème Prosternation)

Chacune des cinq prières quotidiennes se compose d'un certain nombre de rak'ats

QUELLES SONT LES PRIÈRES SUNNAH (SUNNAH MUAKKADA) ?

Les prières connues sous le nom de Sunnah Muakkada sont les prières qui sont effectuées avant ou après les prières obligatoires. Le Prophète Muhammad (psl) les a recommandés et ne les manquait pas.

Les prières de la Sunna Muakkadah sont fortement recommandées et la personne recevra une grande récompense pour les avoir accomplies, mais aucun péché n'est encouru si l'on ne les accomplit pas.

Umm Habeebah, la femme du Prophète (ﷺ)
a dit :
"J'ai entendu le Messager d'Allah dire : "Il n'y a pas de serviteur musulman qui prie Dieu douze rak'ats chaque jour, volontairement, en dehors des prières obligatoires, sans qu'Allah ne lui construise une maison au Paradis."

LES NOMBRES DE RAK`ATS EN OBLIGATOIRE (FARD) & PRIÈRES SUNNAH (SUNNAH MUAKKADA)

Vous pouvez utiliser le tableau ci-dessous pour vous aider à vous souvenir du nombre de rak'ats dans chacune des prières obligatoires et sunnah.

NOM DE LA PRIÈRE	NOMBRE DE RAKAATS	QUAND ?	SUNNAH?
Fajr	2	à l'aube	2 avant
Dhuhr	4	Midi	4 après
Asr	4	après-midi	4 avant
Maghrib	3	coucher du soleil	2 après
Isha	4	nuit	3 après

Doit être mémorisé

QUE DEVONS-NOUS RÉCITER DANS CHAQUE RAK`A ?

NOM DE LA PRIÈRE	QUE DEVONS-NOUS RÉCITER DANS CHAQUE RAK'A ?			
Fajr	Surah Fatiha + Versets du Quran	Surah Fatiha + Versets du Quran		
Dhuhr	Surah Fatiha	Surah Fatiha	Surah Fatiha	Surah Fatiha
Asr	Surah Fatiha	Surah Fatiha	Surah Fatiha	Surah Fatiha
Maghrib	Surah Fatiha + Versets du Quran	Surah Fatiha + Versets du Quran	Surah Fatiha	
Isha	Surah Fatiha + Versets du Quran	Surah Fatiha + Versets du Quran	Surah Fatiha	Surah Fatiha

Doit être mémorisé

Doit-on réciter la sourate Fatiha dans chaque prière ?

Il est obligatoire de réciter la sourate Fatiha dans chaque rak'a de chaque prière. Par conséquent, la prière est invalide sans elle.

سُورَةُالْفَاتِحَة

SURAH AL-FATIHA

Bismi Allahi arrahmani arraheem
Au nom d'Allah, le Tout
Miséricordieux, le très
Miséricordieux

بِسْمِ اللهَّ-الرَّحْمَنِ الرَّحِيمِ (١)

Alhamdu lillahi rabbi al'aalameen
Louange à Allah, Seigneur de
l'Univers.

الْحَمْدُ لِلَّهِ رَبِّ الْعَالَمِينَ (٢)

Arrahmani arraheem

Le Tout Miséricordieux, le Très
Miséricordieux,

الرَّحْمَنِ الرَّحِيمِ (٣)

Maliki yawmi addeen
Maître du Jour de la Rétribution.

مَالِكِ يَوْمِ الدِّينِ (٤)

Iyyaka na'budu wa-iyyaaka nasta'in
C'est Toi [Seul] que nous
adorons, et c'est Toi [Seul] dont
nous implorons secours.
Ihdina assirata almustaqeem
Guide-nous dans le droit chemin,

إِيَّاكَ نَعْبُدُ وَإِيَّاكَ نَسْتَعِينُ (٥)

اهْدِنَا الصِّرَاطَ الْمُسْتَقِيمَ (٦)

Sirata allatheena an'amta 'alayhim
ghayri almaghdoobi 'alayhim wala
addalleen
Le chemin de ceux que Tu as
comblés de faveurs, non pas de ceux
qui ont encouru Ta colère, ni des
égarés.

صِرَاطَ الَّذِينَ أَنْعَمْتَ عَلَيْهِمْ غَيْرِ
الْمَغْضُوبِ عَلَيْهِمْ وَلَا الضَّالِّينَ (٧)

36

Doit-on réciter le Coran dans la prière à haute voix ou à voix basse ?

وَلَا تَجْهَرْ بِصَلَاتِكَ وَلَا تُخَافِتْ بِهَا وَٱبْتَغِ بَيْنَ ذَٰلِكَ سَبِيلًا

"Et dans ta prière (As-Salât), ne récite pas à voix haute; et ne l'y abaisse pas trop, mais cherche le juste milieu entre les deux."
Quran,17:110

Ainsi, lorsque nous prions seul, nous ne devons pas réciter à voix haute ni garder la bouche fermée : on doit chuchoter de sorte à pouvoir s'entendre. Cela permet à la personne qui prie de se concentrer sur les mots et les significations de la prière sans être distraite par des bruits extérieurs.

Cependant, lorsque nous prions en groupe, l'imam (la personne qui dirige la prière) doit réciter les versets coraniques des deux premières rak'ats des prières du Fajr, du Maghrib et de l'Isha à haute voix, d'une voix suffisamment forte pour les gens derrière lui l'entendent.

Pour les rak'ats restantes de ces prières (c'est-à-dire la troisième rak'a du Maghrib et les troisième et quatrième rak'ats d'Isha), l'imam doit réciter à voix basse, afin que lui seul puisse s'entendre.

Quant aux prières de Dhuhur et d'Asr, toutes les rak'ats doivent être récitées à voix basse et chuchotée (sirr), à la fois par l'imam et les personnes qui prient derrière lui.

Important !

Les récitations de la Salat doivent toutes être en arabe. Par conséquent, apprendre l'arabe est fortement conseillé pour pouvoir prier correctement. Cela est également bénéfique pour comprendre le Coran et les enseignements islamiques en langue arabe.

Allah (ﷻ) a placé dans le Coran une bénédiction (influence spirituelle positive) le rendant facile à mémoriser et à comprendre pour ceux qui l'approchent avec un cœur sincère.

Allah (ﷻ) dit dans le Saint Coran :

وَلَقَدْ يَسَّرْنَا ٱلْقُرْءَانَ لِلذِّكْرِ فَهَلْ مِن مُّدَّكِرٍ

"Et Nous avons certainement rendu le Coran facile à mémoriser. Y en a-t-il donc qui s'en souviennent?"
Quran: 54:17

Préparons-nous pour la Salat

Maintenant que vous savez quelle prière accomplir et combien de rak'ats elle comporte,

COMMENT SE PRÉPARER À SALAT ?

FAIRE WUDU

C'est un rituel que nous effectuons avant la salat.

Dans lequel nous nous lavons le visage, les bras et les pieds, et nous essuyons la tête en utilisant uniquement de l'eau.

ÊTRE PROPRE

Assurez-vous que votre corps, vos vêtements et votre lieu de prière sont propres. Prenez un moment pour les nettoyer, si nécessaire.

ÊTRE CONCENTRÉ

Assurez-vous que vous n'avez pas besoin d'aller aux toilettes et que vous n'avez rien autour de vous qui puisse vous distraire, comme la télévision ou le téléphone.

FAIRE FACE A LA QIBLA

Nous prions face à la Qibla, qui est la Kaaba à La Mecque. Demandez à un adulte de vous aider si vous ne savez pas où se trouve cette direction.

HABILLÉ

Les vêtements de prière doivent être modestes, amples et couvrants. Les hommes doivent être couverts du nombril aux genoux. Il est fortement recommandé qu'ils couvrent également leur poitrine et leurs épaules.

Qamis

Le but des vêtements de prière est de montrer du respect pour la prière, de se mettre dans un état d'esprit adéquat et d'éviter tout ce qui pourrait distraire la personne pendant la prière.

Il est préférable d'avoir un ensemble de vêtements réservé spécifiquement à la prière pour s'assurer qu'il est propre et exempt de najasah (impuretés), qui doit également être modeste, ample et couvrant (par exemple : Qamis)

Purification et Propreté (Tahaarah الطَّهَارَة)

La purification et la propreté sont des aspects très importants dans l'islam et dans la vie du musulman.

Nous devons purifier notre corps et nos vêtements ainsi que notre intention pour Allah seul avant de commencer la prière.

Être Taahir (avoir Tahaara) consiste à s'assurer que votre corps, vos vêtements et le lieu de prière sont exempts d'impuretés telles que l'urine, les matières fécales et toute autre substance impure connue sous le nom de "najasah".

Après être allé aux toilettes, il est obligatoire de se laver les parties intimes à l'eau.

Dans le Glorieux Coran, Allah (ﷻ) déclare :
"Vraiment, Allah aime ceux qui se repentent et Il aime ceux qui se purifient"
Quran, 2: 222

Qu'est-ce que "najasah" ?

Najasah est la chose qui est impure en soi et rend les autres choses impures en les contactant.

Donc, si vous touchez à n'importe quel najasah, vous devez vous nettoyer de ce najasah et refaire le wudu avant de prier.

De plus, tout vêtement ou endroit touché par najasah devient impur et doit être nettoyé.

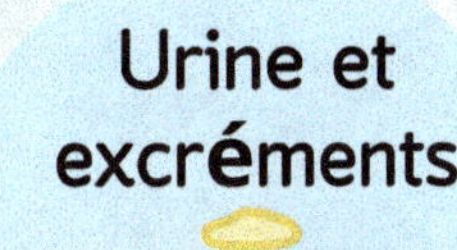

Charognes
Urine et excréments
cochon
sang
TYPES DE NAJASAH
Chien et sa salive
Vomi
Pus
Sperme

Comment faire le Wudu (Ablution) ?

Avant wudu : faites l'intention de faire wudu.

1 Commencez par dire
Bismillah - 1 fois

2 Lavez-vous les mains
3 fois
(y compris les poignets et entre les doigts)

Rincez-vous la bouche et le nez

3 fois

À l'aide de la main droite, mettez une petite quantité d'eau dans la bouche, tourbillonnez, puis expulsez.

Reniflez l'eau dans les narines autant que possible avec la main droite, puis expulsez-la du nez.

Laver votre visage

3 fois

5   Rincez vos deux avant-bras jusqu'au coude, y compris la main et entre les doigts. Commencez par le bras droit.

3 fois

6   essuyez vos cheveux

1 fois

Simultanément, essuyez l'intérieur
des deux oreilles avec l'index et
l'arrière des oreilles avec les pouces.

1 fois

Lavez vos pieds jusqu'à la
cheville et entre vos
orteils.

3 fois

DUA APRÈS WUDU

اللَّهُمَّ اجْعَلْنِي مِنَ التَّوَّابِينَ وَاجْعَلْنِي مِنَ الْمُتَطَهِّرِينَ

Allahumma-j'alnee min-al-tawwaabeena
wa-j'alnee min-al-mutatahireen!

« Ô Allah, place-moi parmi ceux qui
implorent le pardon et parmi ceux qui
restent purs ».

Le Prophète Muhammad (ﷺ) a dit :
"Celui qui accomplit bien le Wudu dit alors (la supplication mentionnée ci-
dessus) ; les huit portes du paradis lui seront ouvertes pour qu'il y entre par
celle qu'il voudra.

TAYAMMUM (التَيَمُّمْ)
((ABLUTIONS SÈCHES))

Qu'est-ce que le Tayammum ?

C'est l'acte islamique de purification rituelle sèche à l'aide de sable ou de pierre, qui peut être pratiquée à la place du Wudu ou du Ghusl si nous ne trouvons pas d'eau ou si la quantité que nous trouvons est insuffisante pour les ablutions, par exemple lorsque nous voyageons.

Quand peut-on faire du Tayammum plutôt que du Wudu ?

- Lorsqu'il n'y a pas d'eau ou que la quantité dont vous disposez est insuffisante pour les ablutions.

- Si quelqu'un est blessé ou malade.

- Lorsque l'eau disponible est impure.

Articles sur lesquels Tayammum est autorisé

COMMENT EFFECTUER LE TAYAMMUM ?

 Trouvez un terrain sans najasah. Il peut s'agir de n'importe quel type de surface de sol qui recueille naturellement la poussière, comme la roche ou le sable.

Faites l'intention de faire du tayammum.

2 Dites : « Bismillah »

3

5. Dépoussiérez vos mains et frottez-les l'une contre l'autre.

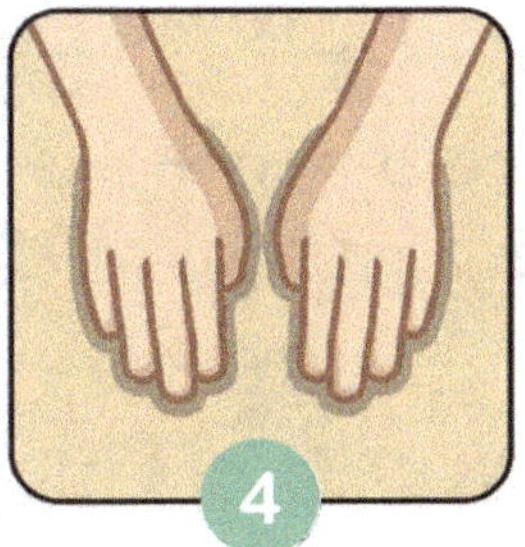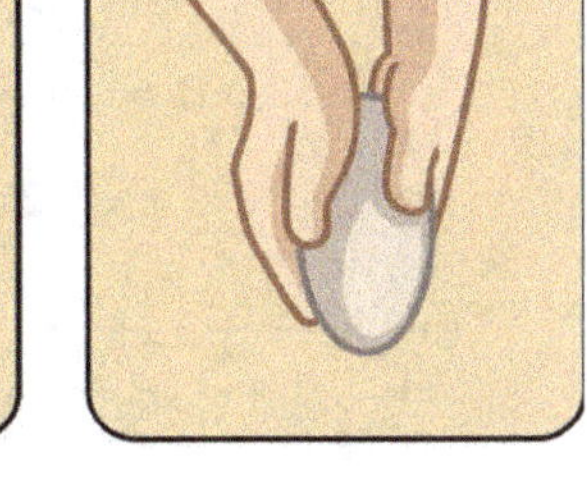

4.Placez vos mains sur la surface du sol ou de la pierre.

7. Frottez votre visage avec les deux mains.

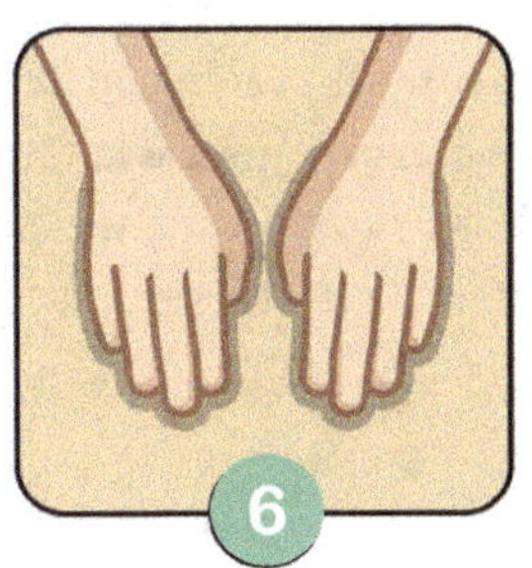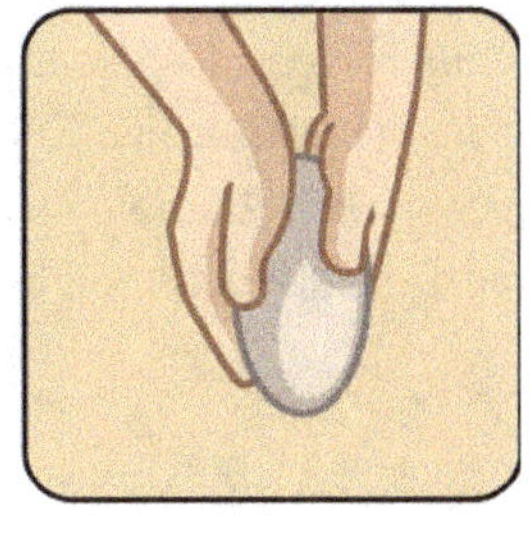

6.Placez vos mains une autre fois sur la surface du sol ou de la pierre.

يَٰٓأَيُّهَا ٱلَّذِينَ ءَامَنُوٓا۟ إِذَا قُمْتُمْ إِلَى ٱلصَّلَوٰةِ فَٱغْسِلُوا۟ وُجُوهَكُمْ وَأَيْدِيَكُمْ إِلَى ٱلْمَرَافِقِ وَٱمْسَحُوا۟ بِرُءُوسِكُمْ وَأَرْجُلَكُمْ إِلَى ٱلْكَعْبَيْنِ وَإِن كُنتُمْ جُنُبًا فَٱطَّهَّرُوا۟ وَإِن كُنتُم مَّرْضَىٰٓ أَوْ عَلَىٰ سَفَرٍ أَوْ جَاءَ أَحَدٌ مِّنكُم مِّنَ ٱلْغَائِطِ أَوْ لَٰمَسْتُمُ ٱلنِّسَاءَ فَلَمْ تَجِدُوا۟ مَاءً فَتَيَمَّمُوا۟ صَعِيدًا طَيِّبًا فَٱمْسَحُوا۟ بِوُجُوهِكُمْ وَأَيْدِيكُم مِّنْهُ مَا يُرِيدُ ٱللَّهُ لِيَجْعَلَ عَلَيْكُم مِّنْ حَرَجٍ وَلَٰكِن يُرِيدُ لِيُطَهِّرَكُمْ وَلِيُتِمَّ نِعْمَتَهُ عَلَيْكُمْ لَعَلَّكُمْ تَشْكُرُونَ

Ô les croyants ! Lorsque vous vous levez pour la prière (As-Salât), lavez vos visages et vos mains jusqu'aux coudes; passez les mains mouillées sur vos têtes; et lavez-vous les pieds jusqu'aux chevilles. Et si vous êtes en état d'impureté majeure (Junuban) , alors purifiez-vous (par un bain); mais si vous êtes malades, ou en voyage, ou si l'un de vous revient du lieu où il a fait ses besoins ou si vous avez touché aux femmes et que vous ne trouviez pas d'eau, alors recourez à la terre pure: passez-en sur vos visages et vos mains. Allah ne veut pas vous imposer quelque gêne, mais Il veut vous purifier et parfaire sur vous Son bienfait. Peut-être serez-vous reconnaissants.

Quran 5:6

ACTIONS QUI ANNULENT VOTRE WUDU OU VOTRE TAYAMMUM

Vomi

Tout type de vomi qui vient de votre bouche, que ce soit de la nourriture, de l'eau ou de la bile, brisera votre Wudu et le rendra invalide.

Toucher n'importe quel type de Najasah

Toucher par exemple, lorsque vous utilisez les toilettes après avoir fait Wudu. Votre Wudu devient invalide et vous devez le refaire avant de prier.

Péter

Lorsque vous pétez, vous devez refaire votre wudou avant de prier.

Évanouissement

C'est être dans un état d'inconscience, pour une courte ou une longue période de temps.

Dormir

Si vous dormez accidentellement ou même intentionnellement après avoir fait le Wudu, vous devez le refaire avant de prier.

LA DIRECTION DE LA PRIÈRE

La Kaaba est située à La Mecque, en Arabie Saoudite. Tous les musulmans du monde entier doivent lui faire face lors de leur prière : cette direction s'appelle la Qibla (القِبْلَة).

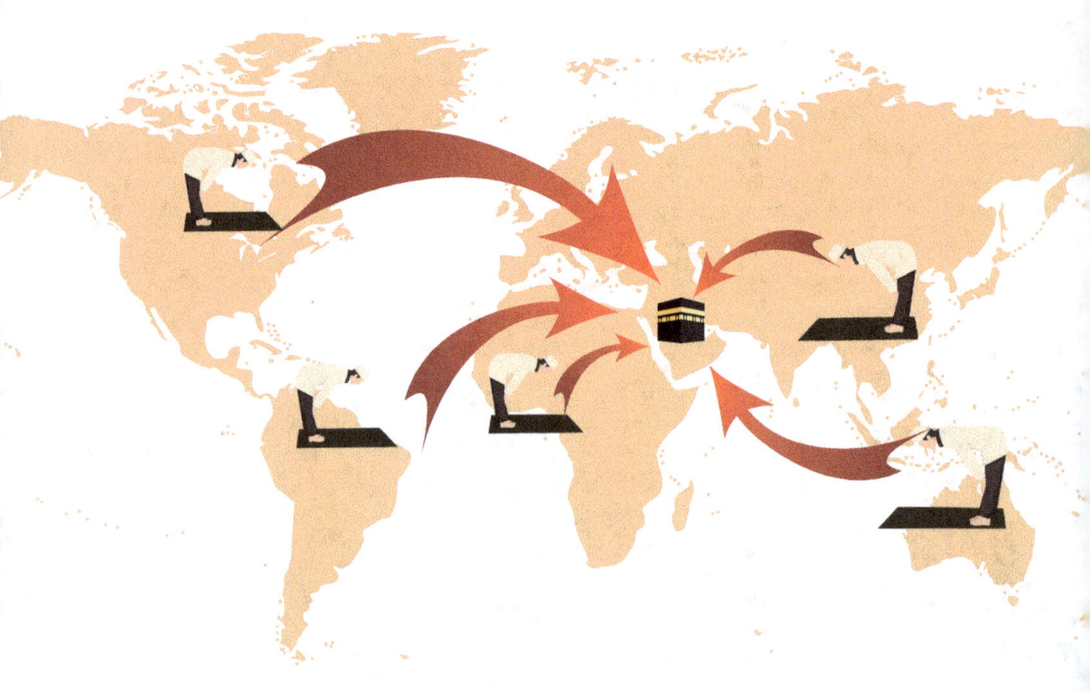

Apprenons à prier

Maintenant que vous avez fait le Wudu et que vous savez quelle prière vous ferez, il est temps de commencer votre salat !

ÉTAPES DE LA SALAT

Nous prendrons comme premier exemple :
La Prière de El-Maghrib, qu contient 3 raka'ts.

Après avoir fait face à la *Qiblah*, vous devez faire *l'intention* en pensant à la prière obligatoire particulière que vous avez l'intention d'accomplir.

Ensuite, récitez El-iqama comme suit :

اَللَّهُ أَكْبَر

اَللَّهُ أَكبَر

أَشهَدُ أَنَّ لَا إِلَهَ إِلَّا ٱللَّه

أَشهَدُ أَنَّ مُحَمَّداً رَسُولُ ٱللَّه

حيَّ عَلَى الصَّلاة

حيَّ عَلَى الفَلاحْ

قَد قَامَتِ الصَّلاةُ,قَد قَامَتِ الصَّلاة

اَللَّهُ أَكبَر اَللَّهُ أَكبَر

لَا إِلَهَ إِلَّا ٱللَّه

El-Iqama (الإقامة)

- Allahu Akba, Allahu Akbar
- Ashhadu an la ilaha illa Allah
- Ashadu anna Muhammadan Rasool Allah.
- Hayya 'ala-s-Salati
- Hayya 'ala-l-Falah
- Qad qama tis-salat, Qad qama tis-salat
- Allahu Akbar,Allahu Akbar
- La ilaha illa Allah.

- Dieu est grand, Dieu est grand
- Je témoigne qu'il n'y a de dieu que le Dieu Unique.
- Je témoigne que Muhammad est le messager de Dieu.
- Hâtez-vous à la prière.
- Dépêchez-vous de réussir.
- Salat a été établie, Salat a été établie.
- Dieu est Grand, Dieu est Grand.
- Il n'y a de dieu que le Dieu Unique.

Effectuer la premiere RAK'AH de la prière

1 ## Takbiratu Al-ihram

En position debout, levez les deux mains de manière à ce que le bout de vos doigts soit aligné avec vos épaules ou vos oreilles. Vos paumes doivent être tournées vers l'extérieur. Alors dire à voix haute:

ٱللَّهُ أَكْبَر
Allahu Akbar
(Allah est le plus grand)

Cela s'appelle Takbiratu al-Ihram (تكبيرة الإحرام) *Cela signifie que vous avez officiellement commencé la prière.*

2

Placez vos mains sur votre poitrine, avec la main droite sur la gauche. Alors dire:

أَعُوذُ بِٱللَّهِ مِنَ ٱلشَّيْطَانِ ٱلرَّجِيمْ
(Je cherche refuge auprès d'Allah contre Satan le maudit.)
A'oothu billaahi minash-shaytanir-rajeem

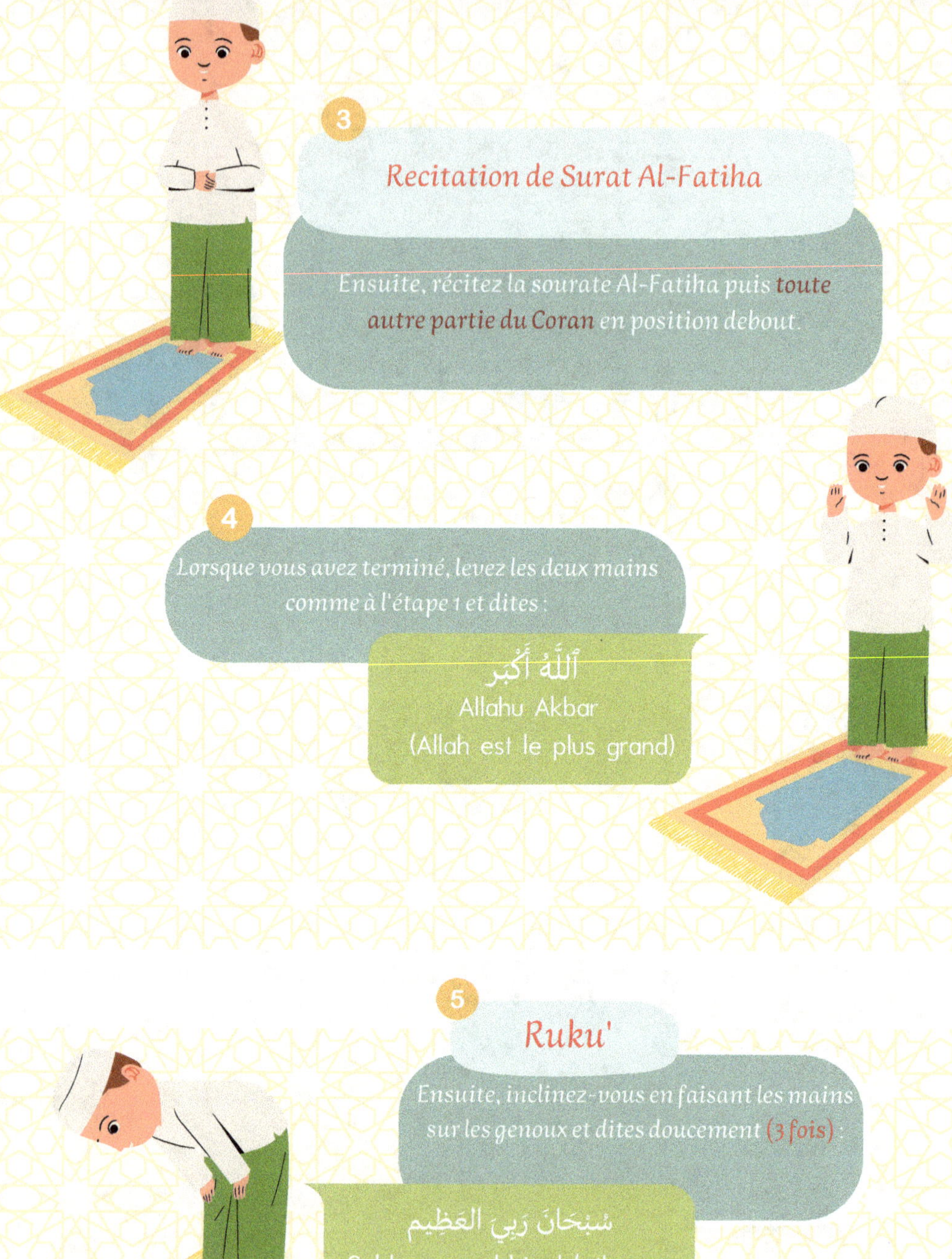

3

Recitation de Surat Al-Fatiha

Ensuite, récitez la sourate Al-Fatiha puis toute autre partie du Coran en position debout.

4

Lorsque vous avez terminé, levez les deux mains comme à l'étape 1 et dites :

ٱللَّهُ أَكْبَر
Allahu Akbar
(Allah est le plus grand)

5

Ruku'

Ensuite, inclinez-vous en faisant les mains sur les genoux et dites doucement (3 fois)

سُبْحَانَ رَبِيَ العَظِيم
Subhaana rabbiyal 'atheem
(Gloire à mon Seigneur le Suprême)

En position de prostration (sujud), assurez-vous :

1. Le nez et le front touchent le sol
2. Les deux paumes sont sur le sol avec les doigts joints
3. Les deux genoux sont au sol
4. Les orteils des deux pieds sont droits et ne reposent pas à plat sur le sol

Julus

En vous rapprochant de la position assise,
dites :

ٱللَّهُ أَكْبَر
Allahu Akbar
(Allah est le plus grand)

Asseyez-vous sur les cuisses.
Ensuite, dites 3 fois :

رَبِّ اغْفِرْ لِي
Rabbighfirlee
(Oh Allah, pardonne-moi)

Sujud

Retournez dans la position de prostration
(sujud) vue ci-dessous.
Lorsque vous entrez dans cette position,
dites :

ٱللَّهُ أَكْبَر
Allahu Akbar
(Allah is Greatest)

Ensuite, dites (3 fois) :

سُبْحَانَ رَبِّيَ الْأَعْلَى
Subhaana rabbiyal 'alla
(Gloire à mon Seigneur le Très Haut)

**La première Rak'ah est maintenant terminée.
Maintenant, vous devez faire la deuxième rak'a.**

Répétez de l'étape 3 à l'étape 10 de la première Rak'ah de prière.

Récitez la sourate Al-Fatiha et un autre verset du Coran

Ruku'

Quiam'

Sujud

Julus

Second Sujud

Après avoir terminé l'étape 10 (deuxième sujud)
de la première Rak'ah de prière, dites :

أَللَّهُ أَكْبَر

Allahu Akbar
(Allah est le plus grand)

Ensuite, placez-vous en position assise. À ce stade,
levez votre index de la main droite.
Récitez maintenant le premier Tashahud comme suit
:

التَّحِيَّاتُ لِلَّهِ، وَالصَّلَوَاتُ، وَالطَّيِّبَاتُ، السَّلاَمُ عَلَيْكَ أَيُّهَا النَّبِيُّ وَرَحْمَةُ الله وَبَرَكَاتُهُ، السَّلاَمُ عَلَيْنَا وَعَلَى عِبَادِ الله الصَّالِحِينَ، أَشْهَدُ أَنَّ لَا إِلَهَ إِلَّا الله، وَأَشْهَدُ أَنَّ مُحَمَّدًا عَبْدُهُ وَرَسُولُهُ

Attahiyyaatu lillaahi wassalawaatu, wattayyibaatu, assalaamu 'alayka 'ayyuhan-Nabiyyu wa rahmatullaahi wa barakaatuhu, assalaamu 'alaynaa wa 'alaa 'ibaadillaahis-saaliheen. 'Ash-hadu 'an laa 'ilaaha 'illallaahu wa 'ash-hadu 'anna Muhammadan 'abduhu wa Rasooluhu.

« Les salutations sont à Allah, ainsi que les prières et les bonnes œuvres. Que la paix soit sur le Prophète ainsi que la miséricorde d'Allah et Sa bénédiction. Que la paix soit sur nous et sur les pieux serviteurs d'Allah. J'atteste qu'il n'y a pas d'autre divinité qu'Allah, et j'atteste que Muhammad est Son serviteur et messager. »

SCANNEZ POUR
ÉCOUTER
TASHAHUD

Doit être
mémorisé

La deuxième rak'a est maintenant terminée.

Répétez de l'étape 3 à l'étape 10 de la première Rak'ah de prière.

Le dernier Tashahud :

اللَّهُمَّ صَلِّ عَلَى مُحَمَّدٍ وَعَلَى آلِ مُحَمَّدٍ كَمَا صَلَّيْتَ عَلَى إِبْرَاهِيمَ وَعَلَى آلِ إِبْرَاهِيمَ. اللَّهُمَّ بَارِكْ عَلَى مُحَمَّدٍ وَعَلَى آلِ مُحَمَّدٍ كَمَا بَارَكْتَ عَلَى إِبْرَاهِيمَ وَعَلَى آلِ إِبْرَاهِيمَ إِنَّكَ حَمِيدٌ مَجِيدٌ

Allaahumma salli 'alaa Muhammadin wa 'alaa āli Muhammad(in), kama sallayta 'alaa Ibrahim wa 'alaa aali Ibraim, innaka hamidun Majid. Allahumma baarik 'alaa Muhammadin wa 'alaa aali Muhammad(in), kama barakta 'alā Ibrahima wa 'alaa aali Ibrahim, innaka Hamidun Majid.

"Ô Allah ! Loue Muhammad et la famille de Muhammad, comme tu as loué Ibrahim, et la famille d'Ibrahim ; tu es vraiment digne de louange, plein de gloire. tu as envoyé des bénédictions sur Ibrahim et sur la famille d'Ibrahim; Tu es vraiment digne de louanges, plein de gloire".

Ce dernier tashahud s'appelle : *Salat Ibrahimiya,* et elle est toujours récitée dans la rak'ah finale.

Doit être mémorisé

Toutes nos félicitations! Tu viens de finir la Salat El-Maghrib!

PRIÈRE DU FAJR

La prière du Fajr comprend 2 rak'a, comme suit :

1. Faire l'intention d'accomplir la prière du Fajr
2. Réciter El-Iqama
3. Takbiratul Ihram (Dis : Allahu Akbar)
4. Effectuez la première rak'ah, comme suit :

Récitez la sourate Al-Fatiha et un autre passage du Coran

Ruku'

Quiam'

Sujud

Julus

Second Sujud

Quiam

Effectuez la deuxième rak'ah, comme suit :

Récitez la sourate Al-Fatiha et un autre passage du Coran

Ruku'

Quiam'

Sujud

Julus

deuxième Sujud

Récitez le Tashahhoud (le premier et le dernier tashahhud)

6 Après avoir terminé la récitation du tashahud, tournez à droite, puis à gauche et dites :

TOUTES NOS FÉLICITATIONS! VOUS AVEZ TERMINÉ VOTRE SALAT EL-FAJR

DHUHR, ASSR, ISHA

Ces prières comprennent 4 rak'ats, comme suit :

1. Faire l'intention d'accomplir la prière de Dhuhur, Asr ou Isha
2. Réciter El-Iqama
3. Takbiratul Ihram (Dis : Allahu Akbar)
4. Effectuez la première rak'ah, comme suit :

Récitez la sourate Al-Fatiha et un autre verset du Coran   Ruku'   Quiam'   Sujud   Julus   Second Sujud   Quiam

5 Effectuez la deuxième rak'ah, comme suit :

6 Effectuez la troisième rak'a comme suit :

7 Effectuez la quatrième rak'ah (la dernière), comme suit :

Récitez la sourate Al-Fatiha seulement | Ruku' | Quiam' | Sujud | Julus | deuxième Sujud | Récitez le dernier Tashahhud

8 Après avoir terminé la récitation du tashahud, tournez à droite, puis à gauche et dites :

Toutes nos félicitations! Vous avez terminé votre Salat

SUPPLICATIONS (DUA) APRÈS SALAT

À la fin d'une prière, prenez le temps de lever les mains et de faire du'a. Allah (ﷻ) est l'Audient, le Proche, qui exauce les invocations.

La dua consiste à louer Dieu, à envoyer des bénédictions sur le Prophète Muhammad (ﷺ), puis à supplier et à demander à Dieu tout ce que vous voulez.

Lorsque vous faites une dua, pensez à vos parents, à vos frères et sœurs, à votre famille, à vos amis et à toute la communauté islamique. Demandez à Allah (ﷻ) d'aider tous les musulmans du monde entier qui sont dans le besoin et en difficulté, de soulager ceux qui souffrent de la pauvreté, de la guerre ou de la maladie.

Faire le dua est un moyen de renforcer notre foi et de rechercher l'aide et les conseils d'Allah (ﷻ) dans tous les aspects de la vie. C'est un rappel que, malgré les défis de ce monde, Allah (ﷻ) est toujours là pour nous, prêt à écouter nos prières et supplications.

Allah (ﷻ) dit dans le Saint Coran :

ادْعُونِي أَسْتَجِبْ لَكُمْ

"Appelez-Moi, Je vous répondrai."
Quran 40:60

وَإِذَا سَأَلَكَ عِبَادِي عَنِّي فَإِنِّي قَرِيبٌ أُجِيبُ دَعْوَةَ ٱلدَّاعِ إِذَا دَعَانِ فَلْيَسْتَجِيبُواْ لِي وَلْيُؤْمِنُواْ بِي لَعَلَّهُمْ يَرْشُدُونَ

"Et quand Mes serviteurs t'interrogent sur Moi, alors Je suis tout proche: Je réponds à l'appel de celui qui M'invoque quand il M'invoque. Qu'ils répondent donc à Mon appel, et qu'ils croient en Moi, afin qu'ils soient bien guidés."

(Quran , 2: 186)

EXEMPLES DE DUAS APRÈS LA SALAT

Il existe de nombreuses duas spécifiques qui ont été enseignées par le Prophète Muhammad (paix soit sur lui) et qu'il est particulièrement recommandé de faire après la Salat. En voici quelques uns:

اللَّهُمَّ أَعِنِّي عَلَى ذِكْرِكَ وَشُكْرِكَ وَحُسْنِ عِبَادَتِكَ

Allahumma a'inni 'alaa zikrika wa shukrika wa husni 'ibadatika

Ô Allah, aide-moi à te glorifer beaucoup, à t'exprimer ma gratitude
et à t'adorer de la meilleure manière.

اللَّهُمَّ إِنِّي أَعُوذُ بِكَ مِن عَذَابِ جَهَنَّمَ، وَمِنْ عَذَابِ القَبْرِ، وَمِنْ فِتْنَةِ المَحْيَا وَالْمَمَاتِ، وَمِنْ شَرِّ فِتْنَةِ المَسِيحِ الدَّجَّالِ

Allaahumma inni a'uzu bika min 'azaabi jahannam, wa min 'azaabil-qabr, wa min fitnatil-mahyaa wal-mamaat, wa min sharri fitnatil-masihi dajjaal

Ô Allah, je cherche refuge auprès de Toi contre le châtiment de l'Enfer, et je cherche refuge auprès de Toi contre le châtiment de la tombe, et (je cherche refuge auprès de Toi) contre les épreuves de la vie et de la mort, et (je vois refuge auprès de Toi) contre le mal de l'épreuve du Faux-Messie Dajjal (= Antéchrist)

رَبَّنَا ءَاتِنَا فِى ٱلدُّنْيَا حَسَنَةً وَفِى ٱلْأَخِرَةِ حَسَنَةً وَقِنَا عَذَابَ ٱلنَّارِ

Rabanaa aatina fi dunya hasana wa fil akhirati hasana wa kina 'adhaba anaar

Ô notre Seigneur! Accorde-nous une belle part dans ce monde et une belle part dans l'au-delà, et protège-nous du châtiment du Feu

Sourate Al-Baqara (2:201)

"رَبِّ اغْفِرْ وَارْحَمْ وَأَنتَ خَيْرُ الرَّاحِمِينَ"

"Rabbi ighfir warham waanta khayru arrahimeen."

"Ô Seigneur, pardonne et fais miséricorde, car Tu es le meilleur des miséricordieux."

Sourate Al-Muminun (23:118)

"رَبَّنَا هَبْ لَنَا مِنْ أَزْوَاجِنَا وَذُرِّيَّاتِنَا قُرَّةَ أَعْيُنٍ وَاجْعَلْنَا لِلْمُتَّقِينَ إِمَامًا"

"Rabbana hab lana min azwajina wathurriyyatina qurrata aAAyunin wajAAalna lilmuttaqeena imama."

Notre Seigneur, donne-nous par nos épouses et nos descendants la joie des yeux, et fais de nous un exemple pour les pieux."

Sourate Al-Furqan (25:74)

TASBIH APRÈS SALAT

Voici une astuce pour vous aider à compter le tasbih avec vos mains:

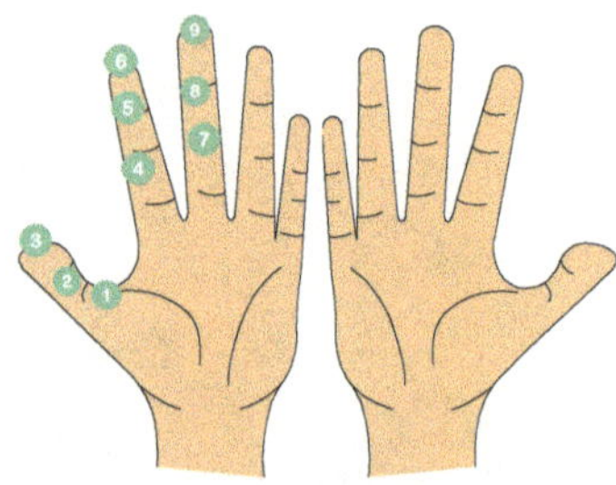

Chaque doigt est divisé en 3 parties appelées phalanges. On répète un Tasbih (par exemple : Subhanallah) 2 fois pour chaque phalange. Cela fait 30 tasbih. On finit par répéter encore 3 fois ce Tasbih pour totaliser 33 tasbihs.

قَالَ رَسُولُ اللهَّ صَلَّى ٱللَّه عَلَيْهِ وَسَلَّمَ:
" أَفَلَا أُعَلِّمُكُمْ شَيْئًا تُدْرِكُونَ بِهِ مَنْ سَبَقَكُمْ وَتَسْبِقُونَ بِهِ مَنْ بَعْدَكُمْ وَلَا يَكُونُ أَحَدٌ أَفْضَل مِنكُمْ إِلَّا مَنْ صَنَعَ مِثْلَ مَا صَنَعْتُمْ" قَالُوا: "بَلَى يَا رَسُولَ ٱللَّه"
قَالَ: " تُسَبِّحُونَ وَتُكَبِّرُونَ وَتَحْمَدُونَ دُبُرَ كُلِّ صَلَاةٍ ثَلَاثًا وَثَلَاثِينَ مَرَّةً "

Le Prophète (ﷺ) a dit : « Dois-je t'enseigner quelque chose par lequel tu atteindras ceux qui sont devant toi, dépasseras ceux qui te suivront, et par lequel personne ne sera meilleur que toi, sauf celui qui effectue cette même chose ? Ils ont dit: "Bien sûr, Ô Messager d'Allah." Le Prophète a dit : « Glorifiez Allah, exaltez Allah et louez Allah trente trois fois après chaque prière ».

Y A-T-IL D'AUTRES PRIÈRES ?

Bien que les musulmans prient la salat cinq fois par jour, il y a également d'autres types de prières, plus rares, qui ont lieu en des jours ou occasions spéciales.

La prière de Jummu'ah (vendredi)   (صَلَاةُ ٱلْجُمُعَة) :

C'est une prière que nous tenons tous les vendredis à la mosquée et en congrégation au lieu de la prière du Dhuhr. Il se compose de 2 prières rak'ats (tout comme la prière du Fajr), offertes immédiatement après la Khutbah.

QU'EST-CE QUE LA KHUTBA ?

C'est le terme arabe désignant le discours prononcé par l'imam durant la prière du vendredi.

La khutba du vendredi est divisée en deux parties, chacune séparée par un bref moment de silence et de réflexion. Elle est partie intégrante de la prière du Vendredi et on ne doit pas y parler ni chuchoter.

La Prière du Tarawih   (صَلَاةُ ٱلتَّرَاوِيْح) :

Il s'agit d'une prière spéciale que nous accomplissons *pendant les nuits du mois de Ramadan*, après la prière de l'Isha. Elle peut être effectuée à la maison, seul ou à la mosquée (fortement recommandé pour les hommes). Les Tarawih se composent d'un nombre pair de rak`ats, réalisées deux par deux (comme la prière du Fajr). Le nombre de rak`ats n'est pas fixe, mais il est généralement de 8, selon les enseignements du Prophète Muhammad (ﷺ) :

"Celui qui observe la prière surérogatoire (Tarawih) tout au long du Ramadan, avec sincérité de foi et dans l'espoir de gagner sa récompense, verra ses péchés passés pardonnés."

يَٰٓأَيُّهَا ٱلَّذِينَ ءَامَنُوٓا۟ إِذَا نُودِىَ لِلصَّلَوٰةِ مِن يَوْمِ ٱلْجُمُعَةِ فَٱسْعَوْا۟ إِلَىٰ ذِكْرِ ٱللَّهِ وَذَرُوا۟ ٱلْبَيْعَ ذَٰلِكُمْ خَيْرٌ لَّكُمْ إِن كُنتُمْ تَعْلَمُونَ (٩) فَإِذَا قُضِيَتِ ٱلصَّلَوٰةُ فَٱنتَشِرُوا۟ فِى ٱلْأَرْضِ وَٱبْتَغُوا۟ مِن فَضْلِ ٱللَّهِ وَٱذْكُرُوا۟ ٱللَّهَ كَثِيرًا لَّعَلَّكُمْ تُفْلِحُونَ (١٠)

Ô vous qui avez cru, quand [l'adhan] est appelé pour la prière le jour de Jumu'ah [vendredi], alors précipitez vous à l'évocation d'Allah (en allant à la mosquée) et délaissez le commerce: cela est meilleur pour vous, si vous saviez. Et quand la prière est terminée, alors dispersez-vous sur Terre et recherchez de la grâce d'Allah, et évoquez beaucoup Allah afin que vous réussissiez.

Coran, 62:9/10 - Sourate "Le Vendredi"

La prière de la demande de pluie : (صَلَاةُ الإِسْتِسْقَاء)

nous enseigne à (□) Pendant la saison sèche, le Prophète Muhammad accomplir une prière de deux rak'ats dans laquelle nous demandons à Dieu, le Très Miséricordieux, d'arroser la terre et toutes Ses créatures.

La prière de l'Aïd el-Fitr : (صَلَاةُ العِيد)

Cette prière est effectuée le jour de l'Aïd, qui indique la fin du mois de Ramadan.

Il se compose de deux rak'ats : dans la prière, on dit le takbir (Allahu Akbar) 7 fois de suite avant la récitation de la Fatiha et d'une autre sourate, et dans la deuxième rak'ah, on répète le takbir 5 fois de suite.
Une fois terminée, la prière est suivie d'un discours de l'imam, connu sous le nom de Khotba. A la fin, il est recommandé de saluer nos frères et sœurs en leur disant :

"Eid Mubarak, Taqabbala Allahu mina wa minkom"

La prière de l'Aïd el-Adha :

Cette prière, qui se fait le 10ème jour du mois de Dhul-Hijja, le dernier jour du pèlerinage, commémore le sacrifice du prophète Ibrahim à son fils Ismail comme un acte d'obéissance au commandement d'Allah. Il est également exécuté dans les mosquées d'une manière similaire à la prière de l'Aïd el-Fitr.

COURTES SOURATES DU CORAN

N'importe laquelle des sourates suivantes peut être récité après la sourate al-Fatiha dans les deux premières Rak'ah (unités) d'une prière. Ce sont des sourates à apprendre par coeur et sont très faciles à mémoriser.

سُورَةُ الإِخْلَاص
SOURATE AL-IKHLAS

Bismi Allahi arrahmani arraheem
Au nom d'Allah, le Tout Miséricordieux, le très Miséricordieux

بِسْمِ اللهَ الرَّحْمَنِ الرَّحِيمِ

Qul huwa Allahu ahad
Dis : "Il est Allah, Unique.

قُلْ هُوَ اللهُ أَحَدٌ (١)

Allahu assamad
Allah, Le Seul à être imploré pour ce que nous désirons.

اللهُ الصَّمَدُ (٢)

Lam yalid walam yoolad
Il n'a jamais engendré, n'a pas été engendré non plus.

لَمْ يَلِدْ وَلَمْ يُولَدْ (٣)

Walam yakun lahu kufuwan ahad
Et nul n'est égal à Lui."

وَلَمْ يَكُنْ لَهُ كُفُوًا أَحَدٌ (٤)

سُورَةُ الفَلَقِ
SOURATE AL-FALAQ

Bismi Allahi arrahmani arraheem
Au nom d'Allah, le Tout Miséricordieux, le très Miséricordieux

بِسْمِ اللهَّ ـالرَّحْمَنِ الرَّحِيم

Qul a'oothu birabbi alfalaq
Dis: "Je cherche protection auprès du Seigneur de l'aube naissante,

قُلْ أَعُوذُ بِرَبِّ الْفَلَقِ (١)

Min sharri ma khalaq
contre le mal des êtres qu'Il a créés,

مِنْ شَرِّ مَا خَلَقَ (٢)

Wamin sharri ghasiqin ithawaqab
contre le mal de l'obscurité quand elle s'approfondit,

وَمِنْ شَرِّ غَاسِقٍ إِذَا وَقَبَ (٣)

Wamin sharri annaffathatifee al'ouqadi
contre le mal de celles qui soufflent (les sorcières) sur les nœuds,

وَمِنْ شَرِّ النَّفَّاثَاتِ فِي الْعُقَدِ (٤)

Wamin sharri hasidin itha hasad
et contre le mal de l'envieux quand il envie 1."

وَمِنْ شَرِّ حَاسِدٍ إِذَا حَسَدَ (٥)

SCANNEZ POUR ÉCOUTER LA SOURATE

سُورَةُ النَّاسِ
SOURATE AN-NAS

بِسْمِ اللهَّ ـالرَّحْمَنِ الرَّحِيمِ

Bismi Allahi arrahmani arraheem

Au nom d'Allah, le Tout Miséricordieux, le très Miséricordieux

قُلْ أَعُوذُ بِرَبِّ النَّاسِ (١)

Qul a'oothu birabbi annas

Dis : "Je cherche protection auprès du Seigneur des hommes.

مَلِكِ النَّاسِ (٢)

Maliki annas

Le Souverain des hommes,

إِلَهِ النَّاسِ (٣)

Ilahi annas

Dieu des hommes,

مِنْ شَرِّ الْوَسْوَاسِ الْخَنَّاسِ (٤)

Min sharri alwaswasi alkhannas

contre le mal du mauvais conseiller, furtif,

الَّذِي يُوَسْوِسُ فِي صُدُورِ النَّاسِ (٥)

Allathee yuwaswisu fee sudoori annas

qui insuffle des mauvaises pensées dans les poitrines des hommes,

مِنَ الْجِنَّةِ وَالنَّاسِ (٦)

Mina aljinnati wannas

qu'il (le conseiller) soit un djinn, ou un être humain".

سُورَةُ الكَافِرُون
SOURATE AL-KAFIRUN

Bismi Allahi arrahmani arraheem
Au nom d'Allah, le Tout Miséricordieux, le très Miséricordieux
Qul yaa ayyuha lkaafiroun
Dis : "Ô vous les infidèles !

بِسْمِ اللهَّ ٱلرَّحْمَنِ الرَّحِيم

قُلْ يَأَيُّهَا ٱلْكَافِرُونَ (١)

Laa a'bodo maa t'abodoun
Je n'adore pas ce que vous adorez.

لَا أَعْبُدُ مَا تَعْبُدُونَ (٢)

Wa laa antom 'aabidouna maa a'bod
Et vous n'êtes pas adorateurs de ce que j'adore.

وَلَا أَنتُمْ عَبِدُونَ مَا أَعْبُدُ (٣)

Wa laa ana 'abidon maa 'abadtom
Je ne suis pas adorateur de ce que vous adorez.

وَلَا أَنَا عَابِدٌ مَّا عَبَدتُّمْ (٤)

Wa laa antom 'aabidouna maa a'bod
Et vous n'êtes pas adorateurs de ce que j'adore.

وَلَا أَنتُمْ عَبِدُونَ مَا أَعْبُدُ (٥)

Lakom dinokom wa liya din
A vous votre religion, et à moi ma religion."

لَكُمْ دِينُكُمْ وَلِيَ دِينِ (٦)

SCANNEZ POUR ÉCOUTER LA SOURATE

سُورَةُ النَّصْر
SOURATE AN-NASR

Bismi Allahi arrahmani arraheem
Au nom d'Allah, le Tout
Miséricordieux, le très
Miséricordieux

بِسْمِ اللهَّ-الرَّحْمَنِ الرَّحِيم

Idha jaa'a nasru Allaahi walfatho
Lorsque vient le secours d'Allah
ainsi que la victoire,

إِذَا جَآءَ نَصْرُ ٱللَّهِ وَٱلْفَتْحُ (١)

*Wa ra'aita naassa yadkholouna fi dini
Allaahi afwajaa*
et que tu vois les gens entrer en foule
dans la religion d'Allah,

وَرَأَيْتَ ٱلنَّاسَ يَدْخُلُونَ فِي
دِينِ ٱللَّهِ أَفْوَاجًا (٢)

*Fa sabbih bihamdi rabbika wa staghfirho,
innahou kaana tawwaaba*
alors, par la louange, célèbre la gloire
de ton Seigneur et implore Son
pardon. Car c'est Lui le grand
Accueillant au repentir.

فَسَبِّحْ بِحَمْدِ رَبِّكَ وَٱسْتَغْفِرْهُ
إِنَّهُ كَانَ تَوَّابًا (٣)

SCANNEZ POUR
ÉCOUTER LA SOURATE

سُورَةُ الكَوْثَر
SOURATE AL-KAWTAR

Bismi Allahi arrahmani arraheem

Au nom d'Allah, le Tout
Miséricordieux, le très
Miséricordieux

Innaa a'tainaaka al kawthar

Nous t'avons certes, accordé
l'Abondance.

بِسْمِ اللهَّ-الرَّحْمَنِ الرَّحِيم

إِنَّا أَعْطَيْنَٰكَ ٱلْكَوْثَرَ (١)

Fa salli li rabbika wa nhar

Accomplis la Ṣalāt pour ton Seigneur et
sacrifie.

فَصَلِّ لِرَبِّكَ وَانْحَرْ (٢)

Inna chaani'aka how al abtar

Celui qui te hait sera certes, sans
postérité.

إِنَّ شَانِئَكَ هُوَ الْأَبْتَرُ (٣)

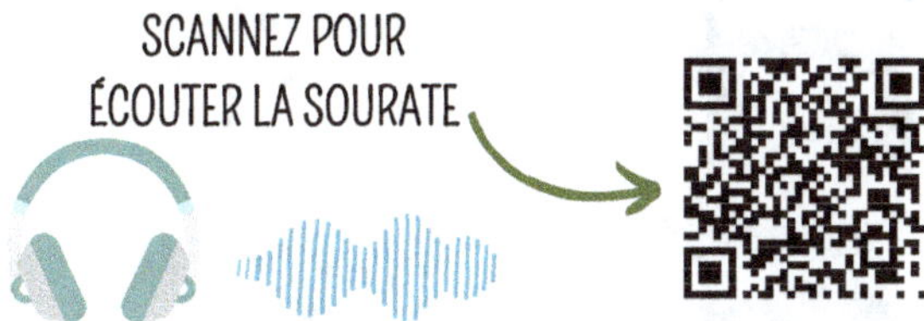

COMMENT APPROFONDIR MA RELIGION ?

Voici une liste regroupant parmi les meilleurs chaînes Youtubes francophones pour approfondir et perfectionner son Islam. Pour acceder à leurs contenu, scanne les qr-codes avec ton smartphone ou bien tape leurs noms sur la barre de recherche de Youtube.

Pr. Rachid Eljay

@rachid-eljay · 2.52M subscribers

Nader Abou Anas

@NaderAbouAnas · 836K subscribers

Abdelmonaim BOUSSENNA

@imamboussenna · 893K subscribers

Hassan Iquioussen

@HassanIquioussen · 192K subscribers ·

Din-ul-Qayyima

@DinulQayyima1 · 160K subscribers